AF266916

SITUATION ÉCONOMIQUE

DE LA FRANCE

EN 1835 ET EN 1856,

PAR M. OCTAVE TEISSIER,

Secrétaire de la commission de Statistique de Toulon.
Membre correspondant
des Sociétés d'Études scientifiques du Var
et de Statistique de Marseille.

PARIS.

GUILLAUMIN et Cie, LIBRAIRES,

ÉDITEURS DU JOURNAL DES ÉCONOMISTES,

Rue Richelieu, 14.

1857.

SITUATION ÉCONOMIQUE

DE LA FRANCE

EN 1835 ET EN 1856;

PAR M. OCTAVE TEISSIER,

Secrétaire de la commission de Statistique de Toulon,
Membre correspondant
des Sociétés d'Études scientifiques du Var
et de Statistique de Marseille.

PARIS.

GUILLAUMIN ET Cie, LIBRAIRES,

ÉDITEURS DU JOURNAL DES ECONOMISTES,

Rue Richelieu, 14.

1857.

A Monsieur MERCIER-LACOMBE,

OFFICIER DE LA LEGION-D'HONNEUR,

COMMANDEUR

DE L'ORDRE DE SAINT-GRÉGOIRE-LE-GRAND, ETC.,

PRÉFET DU DEPARTEMENT DU VAR.

HOMMAGE DE RECONNAISSANCE.

OCTAVE TEISSIER.

SITUATION ECONOMIQUE

DE LA FRANCE.

POPULATION ET COMMERCE.

La population de la France ne s'est accrue, pendant la période décennale de 1846 à 1856 que de 600 mille âmes, tandis que le chiffre de l'augmentation avait été de 1 million 170 mille, pour la seule période quinquennale de 1841 à 1846.

Cette diminution dans l'accroissement, qu'il ne faut pas confondre avec un décroissement proprement dit, a vivement ému les économistes. Ils se sont mis avec ardeur à la recherche des causes de ce temps d'arrêt, qui a paru alarmant à quelques uns d'entr'eux.

La vérité vraie est elle sortie de la polémique savante engagée à ce sujet entre nos grands journaux et ceux de Londres ? Nous ne saurions le dire; mais il nous a paru que l'on n'avait pas suffisamment étudié le mouvement de la population pendant les périodes précédentes. On aurait remarqué, en effet, que de semblables diminutions tout à fait accidentelles se sont produites dans les recensements antérieurs — sans avoir le moins du monde influé sur la prospérité toujours croissante de la France.

Voici les faits analogues, que nous avons remarqués dans le mouvement de la population, depuis 35 ans :

1° Le chiffre de l'augmentation, qui avait été de 1 million, 397 mille âmes, de 1821 à 1826, descendit à 651 mille, de 1826 à 1831. Période comprenant la révolution de juillet et le choléra.

2° De 1831 à 1836, l'augmentation dépasse 1 million, pour redescendre à 600 mille, de 1836 à 1841. Le choléra qui venait de se montrer pour la seconde fois se répandit d'une manière plus générale qu'en 1831.

3° Enfin, de 1841 à 1846, l'accroissement s'élève encore à plus d'un million, pour se réduire à 382 et à 252 mille âmes pendant les deux périodes suivantes qui sont, on le sait,

remplies d'évènements malheureux : Une révolution , trois apparitions du choléra, la disette des céréales, la maladie de la vigne et la
guerre.

Quoiqu'il en soit des causes de ces diminutions momentanées, il n'y a pas lieu de s'en
alarmer—c'est l'avis des hommes les plus dis-
tingués de la science. M. Pierre Clément, de
l'Institut, rappelle à ce sujet, avec beaucoup
d'à-propos, dans une lettre adressée au journal la *Patrie*, les paroles rassurantes d'un économiste dont l'opinion est certainement d'un
grand poids en pareille matière. Nous ex-
trayons de cette lettre le passage suivant :

« Un homme d'une remarquable justesse
» d'esprit et de cœur, M. Rossi, a dit dans
» une de ses leçons d'économie politique au
» collége de France : *Capital de plus en plus*
» *croissant et population stationnaire , ou ne*
» *suivant le mouvement du capital qu'à pas très*
» *lents et de loin, là est l'avenir, l'espérance*
» *des classes pauvres, le principe de l'élévation*
» *graduelle de la société. Hors de là il n'y a que*
» *vices, souffrances, crimes.* Or, la France me
» paraît se trouver précisément dans la situa-
» tion que M. Rossi ambitionnait pour elle, il
» y a une vingtaine d'années. Péndant que le

» capital s'y accumule et augmente, dans des
» proportions considérables , sa population,
» retardée d'ailleurs par des causes acciden-
» telles à jamais regrettables, le choléra, la
» guerre et la disette des céréales, s'accroît
» avec une lenteur dont, au lieu de se plain-
» dre, il faut au contraire, se féliciter haute-
» ment. »

Le *Times* ne voit pas les choses au même point de vue, il s'en faut de beaucoup. Nous serions entrés, d'après ce journal, dans une voie de décadence dont la cause se trouverait dans la trop grande division de la propriété.

C'est là une étrange théorie, réveillée d'entre les morts par l'esprit toujours un peu jaloux et malveillant de la presse anglaise, qui ne peut s'habituer à notre prospérité. MM. de la Gueronnière et Pierre Clément se sont chargés de la réfuter, et cela ne leur a pas été difficile.

Cette théorie des dangers du morcellement n'a du reste jamais été soutenue sérieusement par aucun économiste de quelque mérite ; Malthus seul, s'y est essayé, mais on voit qu'il n'est pas maître de son sujet et son raisonnement, quand il touche à cette question, est rempli de contradictions. Ainsi, nous li-

sons dans ses *principes d'éconŏmie politique,*
page 153 :

« Quoiqu'il soit vrai que la division de la
» propriété foncière, dans de certaines limi-
» tes, soit de la plus haute importance pour
» l'accroissement de la richesse, il n'est pas
» moins vrai que, au-delà de certaines limi-
» tes, *cette cause doit s'opposer au progrès de la*
» *richesse autant qu'elle a dû l'accélérer aupa-*
» *ravant.* »

Et plus loin, page 174 :

.... « Quelles que soient les dispositions
» que la sagesse et la prudence d'une légis-
» lation puissent leur dicter au sujet des lois
» sur les successions, il faudra toujours re-
» connaître la vérité du principe, que *la divi-*
» *sion des propriétés territoriales est un des*
» *plus puissants moyens de distribution de la*
» *richesse,* lequel tend à maintenir et à aug-
» menter la valeur échangeable et à encoura-
» ger la production future. »

Enfin, il fournit encore une arme contre
son propre système dans le même ouvrage,
page 151, où il dit :

« C'est pourquoi on n'a jamais connu de
» pays qui ait donné un grand développement
» à ses ressources naturelles, dans lequel le

» sol ait appartenu à un petit nombre compa-
» ratif de grands propriétaires. On a toujours
» vu, dans le fait, que la richesse excessive
» du petit nombre n'*équivaut nullement, quant*
» *à la demande réelle, à la richesse plus modi-*
» *que du grand nombre.*

Malthus nous démontre donc, bien malgré lui il est vrai, tous les avantages du morcellement de la propriété, qui est, en effet, une des principales garanties de prospérité pour une grande nation.

Voilà la théorie — reste à la confirmer par des faits en ce qui concerne la France ; car, il ne suffit pas d'émettre une vérité, il faut encore la prouver.

Telle est la mission facile et tout à fait douce à notre patriotisme que nous allons essayer de remplir.

Les preuves ne manquent pas pour démontrer l'excellente situation économique de notre pays—elles sautent aux yeux, (que l'on veuille bien nous permettre cette expression,) de ceux qui ne les ferment pas — nous n'avons que l'embarras du choix. Aussi, avant de les produire, croyons-nous utile de bien nous rendre compte de ce que les économistes entendent par *Richesse nationale*, afin de choisir parmi nos preuves celles qui seraient plus particulièrement de nature à les convaincre, fussent-ils rédacteurs du *Times*.

La définition est difficile à trouver — car les théories sont nombreuses, et chaque économiste envisageant la question à un point de vue particulier, il peut en résulter que telle nation qui, se basant sur le système A se croirait en voie de progrès, se trouverait, au contraire, en vertu du système B, sur les bords d'un abîme sans fond.

Le plus prudent nous paraît d'analyser les trois principaux systèmes d'économie politique, qui résument en quelque sorte tous les autres, et d'examiner ensuite si, rare bonheur, la France ne réunirait pas, précisément, les diverses conditions qui constituent la richesse nationale aux différents points de vue de ces systèmes — on ne pourrait plus pour le coup, nous contester notre prospérité — nous serions en règle avec toutes les théories et avec les savants de tous les pays.

Nous procéderons par ordre d'ancienneté :

Sachons d'abord ce que c'est que le *système mercantile*.

Storck (1) — à qui nous empruntons cette définition et les deux autres — nous dit que ce système : « fait consister la richesse dans » l'accumulation des *métaux précieux*, et re-» garde, comme sa source primitive, le *com-* » *merce étranger*.

On l'attribue à Colbert et on le désigne aussi sous le nom de Colbertisme , bien que ce ministre n'en soit pas l'auteur, mais parce qu'il fut le premier qui en fît une application utile.

Vient ensuite le *système agricole* « qui fait » consister la richesse dans les *produits du* » *sol* et envisage la terre et le travail comme » ses sources primitives.

Cette théorie appartient au docteur Quesnay qui fit de nombreux proselytes , entr'autres Turgot , ce ministre philosophe dont Louis XVI avait coutume de dire : « Il n'y a que Turgot et moi qui aimions le peuple. »

Enfin le dernier et le plus apprécié de tous,

(1) Cours d'économie politique, t. 1, page 132. Voir également les Principes d'économie politique par Simondi de Sismondi, t. 1, page 28, et les œuvres d'Adam Smith, entr'autres l'ouvrage intitulé : De la nature et des causes de la richesse des na-tions, 1776.

— celui du célèbre Adam Smith — est appelé *système industriel*, « il distingue la *richesse*
» des *objets* dont elle se compose. Ces objets
» comprennent toutes les substances maté-
» rielles qui ont une valeur échangeable, et
» la *terre*, le *travail* et les *capitaux* sont les
» sources qui concourent à leur produc-
» tion. »

Ce système diffère du précédent, en ce qu'il place le principe de la richesse dans le travail, et non dans la terre, et qu'il établit que les manufactures et le commerce ne méritent pas moins la qualification de produits, que l'agriculture.

Il s'agit maintenant de savoir si notre commerce prospère — système mercantile. Si l'agriculture a fait des progrès en France — système agricole. Et si l'industrie s'y développe convenablement — système industriel.

SYSTÈME MERCANTILE.

Ce qui constitue une bonne situation économique, au point de vue de ce système, c'est, avons-nous dit, un commerce exté-

rieur très-étendu et une grande accumulation de numéraire.

Nous prouverons aisément qne la France
réunit, à un haut degré, ces deux conditions
de prospérité.

Notre commerce est considérable et, s'il
ne tient pas le premier rang, du moins est-il
un des plus actifs du monde. Personne ne
l'ignore; mais, ce que l'on sait moins , c'est
la mesure de son développement depuis quelques années. Nos lecteurs n'apprendront pas
sans étonnement que , dans l'espace de 20
ans , le mouvement général du commerce,
importations et exportations s'est élevé de
1 milliard 600 millions de francs (année
1835) à 5 milliards 399 millions (année
1856). (1)

Se fait-on une idée du mouvement d'af-
faires qu'il faut pour déterminer, en quelques
années , une augmentation de 4 milliards,
Se rend-on compte, également, de la quantité de grands et petits marchés qui ont
précédé l'expédition des marchandises , ou
suivi leur introduction en France , jus-

(1) Valeur actuelle des marchandises. Tableau
général du commerce, année 1856. Résumé analy-
tique.

qu'au moment où elles ont été livrées au consommateur ? Les échanges et bénéfices faits de part et d'autres ont dû porter le chiffre de la circulation du numéraire à plus de 50 milliards dans un an !... Quel est, en effet, le produit du sol qui ne passe pas en dix mains différentes avant de parvenir au port d'expédition ? Il en est de même pour les marchandises importées, qui n'arrivent à la consommation qu'après avoir été l'objet de nombreuses transactions. Une valeur de 5 milliards échangés 10 fois, donne bien un mouvement de numéraire de 50 milliards.

Voilà des chiffres éloquents qui constituent assurément une excellente situation économique. Nous pourrions, au besoin, nous en tenir à leur seul témoignage. Mais nous avons recueilli bien d'autres preuves de l'activité et du développement de notre commerce et nous croyons faire une chose agréable à nos lecteurs en les publiant.

Disons d'abord que ce développement remarquable s'est produit surtout dans ces dernières années. Ainsi, en 1845, le total des opérations n'était encore que de 2 milliards 400 millions de francs — soit 8 millions de plus qu'en 1835. Tandis que de 1845 à 1856 l'accroissement est de 3 milliards; et, pour la seule année 1856, de 1 milliard.

Un autre indice très-significatif de la richesse nationale, d'après le système mercantile, consiste dans l'extension du commerce d'exportation qui attire à nous les capitaux étrangers.

Pour savoir si notre commerce avec l'étranger est actif et en progrès, nous allons examiner ce qu'il était en 1835 et ce qu'il est aujourd'hui.

Nous puiserons nos renseignements dans le tableau général publié annuellement par l'administration des douanes, admirable document dont l'exactitude ne saurait être révoquée en doute.

Dans cette étude statistique et dans celles qui suivront, nous prendrons toujours l'année 1835 comme point de départ, d'abord parce que nous aurons ainsi une période de 20 ans, et aussi parce que de 1830 à 1835 le commerce est resté à peu près stationnaire, progressant toujours cependant, mais lentement. L'année 1835 peut donc être considérée comme représentant la moyenne quinquennale de cette époque.

Le chiffre des exportations de nos produits (commerce spécial) (1) qui avait été en 1835 de 577 millions de francs, s'est élevé en 1856 à 1 milliard 924 millions, valeur actuelle (2).

La proportion entre les produits naturels et les produits manufacturés est de 21 contre 79.

Indépendamment de la consommation intérieure qui a dû s'augmenter par suite des habitudes de bien être et de luxe devenues générales, et par un accroissement de population de 3 millions, la France a pu encore expédier à l'étranger, en 1856, pour une valeur à peu près 4 fois supérieure à celle exportée en 1835.

(1) Le commerce spécial ne comprend : 1° à l'*importation*, que ce qui est entré dans la consommation intérieure du pays; 2° à l'*exportation*, que les marchandises nationales et celles qui, nationalisées par le paiement des droits d'entrée, sont ensuite exportées.

(2) Les valeurs actuelles sont variables comme le cours des produits auxquels elles s'appliquent, elles ont pour objet de déterminer la valeur réelle de chaque espèce de marchandise pendant l'année à laquelle se rapporte la publication du tableau de commerce, auquel nous avons emprunté tous nos renseignements statistiques.

Remarquons en passant, et ce fait a son importance, que notre marché extérieur a fourni à l'Angleterre, aux Etat-Unis, à l'Espagne, à la Suisse, au Brésil, et à un grand nombre d'autres puissances une somme de marchandises, d'une valeur supérieure à la valeur des marchandises dont elles ont alimenté notre consommation.

Et, si nous ne tenons compte que de la *valeur officielle* (1) nous trouvons que depuis, 10 ans le chiffre total de nos exportations a toujours été supérieur de cent millions à celui des importations de toutes les autres nations réunies. Cette différence est même plus notable en 1856 :

Exportations. . .	1,650 millions.
Importations. . .	1,538
Différence en faveur des exportations.	112 millions.

(1) La *valeur réelle* ou actuelle , suit , ainsi que nous l'avons déjà dit, le cours des produits. La *valeur officielle* a sur elle cet avantage de mieux faire ressortir les différences en plus ou en moins qui, d'une année à l'autre, se produisent dans les mouvements du commerce : invariable de sa nature, (elle a été fixée en 1826), et formant une sorte *d'unité* permanente, elle représente en effet, sous forme de valeur, la quantité des marchandises échangées.

La nation qui, malgré une consommation intérieure toujours croissante, peut encore donner plus qu'elle ne reçoit, fait preuve assurément d'une production abondante. Or, les économistes sont d'accord sur ce point, eux qui ne le sont pas souvent, que l'abondance des produits, secondée par un commerce extérieur étendu, constitue une excellente situation économique. C'est précisément ce qui a lieu pour la France.

Les tableaux statistiques, publiés dans le *Moniteur Universel* par l'administration des douanes, font connaître les augmentations et les diminutions survenues d'une année à l'autre dans le mouvement commercial. Mais comme les faits antérieurs ne sont pas rappelés dans ces documents, très intéressants d'ailleurs, on ignore généralement dans quelle proportion surprenante notre commerce s'est développé depuis une vingtaine d'années. — La comparaison que nous allons établir, entre les importations et les exportations effectuées en 1835, et celles qui ont eu lieu en 1856, fera ressortir d'une manière très exacte ce développement qui est bien digne de flatter notre orgueil national.

ÍMPORTATIONS.

1835 —   760 millions de francs.
1856 — 2,740   —
____

Différence 1,980   —

EXPORTATIONS.

1835 —   834 millions de francs.
1856 — 2,659   —
____

Différence 1,825   —

L'augmentation de 1856 sur 1835 est donc de 2 milliards environ, pour les importations comme pour les exportations.

On pourrait nous objecter que la période de comparaison, (21 ans) est trop étendue et qu'il n'y a, dès lors, rien d'étonnant dans une pareille augmentation.

A cela nous répondrions que pendant la période beaucoup plus longue, de 1785 à 1835 (50 ans), les progrès du commerce n'ont certainement pas atteint le chiffre de 2 milliards. Il résulte, en effet, des tableaux comparatifs ci-après, que l'augmentation n'a été que de 49 millions pour les importations, et de 292 pour les exportations :

IMPORTATIONS.

1785 — 611 millions de francs.
1835 — 760 —
———
Augmentation 49 —

EXPORTATIONS.

1785 — 542 millions de francs.
1835 — 834 —
———
Augmentation 292 —

Mais il y a lieu de remarquer que la perte de nos colonies avait porté un rude coup au commerce et que, pendant longues années, les importations et les exportations étaient descendues à 400 millions — elles se sont ensuite relevées et le progrès, quoique lent au commencement, s'est toujours soutenu, d'une manière à peu près égale jusqu'en 1852 — époque où notre commerce a pris un essor extraordinaire. Ainsi, de 1832 à 1852, en moyenne quinquennale, le mouvement commercial ne s'est pas élevé à plus de 10 milliards — et, dans la période de 1852 à 1856, la valeur totale des marchandises exportées ou importées a été de 18 milliards — c'est une augmentation de près du double sur les périodes précédentes.

Nous n'avons pas ici à examiner les causes de cet accroissement. Nous ferons remarquer, cependant, que le commerce se développe difficilement dans un Etat mal administré ou mal gouverné , et qu'une bonne situation commerciale est toujours un indice de la prospérité publique, qui ne saurait exister sans un bon gouvernement.

Il y aurait, sous un autre rapport , une comparaison bien intéressante à établir, par nature de produits, entre le mouvement commercial de 1800 et celui de 1856. Le cercle restreint de cet article ne nous permet pas d'entrer dans beaucoup de détails à ce sujet, nous donnerons néammoins quelques indications sommaires qui suffiront pour faire apprécier le développement de la production et de l'industrie pendant ce demi-siècle.

En première ligne nous trouvons les soies, lés laines et lés cotons, dont l'importation a suivi la progression suivante :

Année 1800 — 91 millions de francs.
  — 1835 — 161   —
  — 1856 — 625   —

L'augmentation de 1835 sur 1800 n'avait été que de 70 millions. Celle de 1856 sur

1855 s'est élevée à 484 millions — chiffre énorme.

L'importation de la houille crue a également progressé, d'une manière remarquable, pendant la même période :

Année 1800 —   1 million de quint^x métriq^{es}.
— 1835 —   7 millions   —
— 1856 — 41 millions   —

Ce qui donne une augmentalion de 6 millions de quintaux métriques, en 1835 sur 1800, et de 34 millions de quintaux, en 1856 sur 1835.

Quant aux exportations, les tissus seuls figurent pour 1 milliard dans l'augmentation. En effet, en 1800 il avait été exporté pour 79 millions de francs; en 1835, 317 millions, et en 1856, 1 milliard 71 millions.

Les exportations des peaux tannées, corroyées et ouvrées ont suivi les progrès ci-après :

1800 —   12 millions de francs.
1835 —   30   —
1856 —   124   —

C'est une augmentation de 18 millions, en 1835 sur 1800, et de près de 100 millions, en 1856 sur 1835.

Nos relations les plus étendues sont celles qui ont lieu avec l'Angleterre, elles s'élèvent à 965 millions pour l'année 1856. Les importations sont comprises dans ce chiffre pour 532 millions et les exportations pour 532. C'est une différence de 100 millions en faveur de nos exportations.

En 1835, les importations s'élevaient à 61 millions et les exportations à 91. Total : 152 millions.

Notre commerce avec l'Angleterre s'est donc augmenté en 20 ans de 813 millions.

On cite souvent l'activité du commerce anglais, mais il nous paraît résulter de ce qui précède, que notre commerce est au moins aussi actif et notre production certainement plus grande, puisque la somme de nos exportations est supérieure de cent millions à la valeur des marchandises que nous leur avons achetées.

Les Etats-Unis occupent le 2e rang. La valeur des marchandises échangées en 1856 est de 786 millions — elle n'était en 1835 que de 285. Différence en faveur de 1856 : 501 millions.

Viennent ensuite la Belgique : 425 millions en 1856 et 114 en 1835 — augmentation : 411

millions. Et la Suisse : 436 millions en 1856, 132 en 1835 — augmentation : 304 millions.

L'Algérie est comprise dans le mouvement du commerce général, en 1856, pour 178 millions. — En 1835, ce chiffre n'était que de 13 millions.

Ce développement rapide de nos échanges, donne la mesure de ce qu'est déjà et de ce que peut devenir cette riche contrée, pour notre débouché manufacturié. Nous y vendons, chaque année , une valeur considérable de produits que l'Algérie nous paie en grains, en laines, tabacs, etc.

Nous y avons expédié, en 1856, 5 millions 282 mille kilogrammes de tissus ou de vêtements et pièces de lingerie, d'une valeur totale de 50 millions de francs. — Pour 22 millions de vins, et eaux-de-vie, etc.

Nous avons reçu , en échange , 826,000 hectolitres de grains, 30,000 quintaux métriques de tabacs ; 443,000 kilog. de peaux brutes ; 772,000 kilog. de végétaux filamenteux, etc. etc.

Les divers faits commerciaux que nous venons d'exposer n'ont pas besoin de commentaires ; ils établissent d'une manière très positive la situation brillante de notre commerce, elle est telle qu'aurait pu la rêver l'auteur du système mercantile.

Mais ce système fait, en outre, consister la richesse nationale dans *l'accumulation des métaux précieux*. Nous allons examiner si, à ce point de vue, nous sommes aussi bien favorisés qu'au point de vue commercial.

Ici encore les preuves de notre prospérité ne nous manquerons pas.

N'avons-nous pas, en effet, une preuve éclatante de la grande quantité de capitaux accumulés en France, dans la promptitude avec laquelle des centaines de millions et même des milliards furent déposés aux pieds de l'Empereur, lorsqu'il fit appel au patriotisme de ses sujets — Il demandait 1 milliard 1/2 — et les souscripteurs, au nombre de 600,000 , lui offrirent 6 milliards !...

C'était bien là de l'argent accumulé, c'est--à-dire disponible, car les versements eurent lieu dans un bref délai. Mais, ce qui est mieux encore que l'accumulation , c'est le grand nombre de souscripteurs qui ont concouru à couvrir les emprunts, car cela dénote une large répartition de la fortune. Le *Times* avait sans doute oublié cette particularité de notre histoire, lorsqu'il a cru voir un signe de décadence dans la division des propriétés.

Dans quel pays vit-on jamais, au moment d'une guerre lointaine qui pouvait être de longue durée, le peuple apporter avec confiance ses épargnes dans les caisses du Gouvernement, et quelles épargnes 6 milliards !... Témoignage glorieux de la confiance que ce Gouvernement inspire — mais aussi témoignage positif d'une aisance générale.

Donc, considérée au point de vue du système mercantile, notre situation économique ne saurait être plus brillante. Car, nous l'avons prouvé, notre commerce extérieur déjà très actif se développe tous les jours d'une manière plus remarquable. Il suffit d'ailleurs pour s'en convaincre, de voir les agrandissements toujours insuffisants du magnifique port de Marseille, et les navires qui encombrent nos ports. Le mouvement général de la navigation qui, en 1835, présentait un chiffre de 19,000 navires, jaugeant 2 millions de tonneaux, s'est élevé, en 1856, à 40,000 navires jaugeant 6 millions de tonneaux (1).

(1) Le nombre des tonneaux a triplé, tandis que celui des navires n'a que doublé, cela provient de ce que la marine marchande emploie de préférence depuis quelques années les navires d un fort tonnage.— Ainsi, les bateaux à vapeur sont compris pour 1|4 dans le mouvement de la navigation en 1856 — : 10,000 sur 40,000 navires.

Quant aux capitaux, ils ne font point dé-
faut, nous venons de le démontrer.

AGRICULTURE.

Examinons maintenant si au point de vue
du système agricole, la France se trouve dans
une situation économique aussi satisfaisante.

Le système agricole, nous l'avons dit, fait
consister la richesse dans la plus grande mul-
tiplication possible des produits agricoles.

Quelles sont les conditions essentielles pour
obtenir ce résultat.

Un sol fertile et une bonne culture.

La beauté incontestable du climat de la
France est une première garantie de la fertilité de son sol. Cette fertilité est d'ailleurs in-
diquée par l'abondance toujours croissante de
nos récoltes.

Quant à la culture des terres, il n'est pas
difficile de démontrer que le morcellement de
la propriété, en faisant la part de chaque agri-

culteur moins grande, lui a permis de donner des soins plus fructueux à son héritage. Aussi voyons-nous, dans la statistique générale publiée par le Gouvernement, que l'étendue des terrains ensemencés en céréales ou autres grains, qui avait été de 13 millions d'hectares, en 1815, s'élevait à 14 millions 700 mille hectares en 1840. Différence en plus : 1 million, 700 mille hectares — dont un million, à peu près, ensemencé spécialement en froment.

Il y a eu, en outre, amélioration dans les cultures et par suite augmentation dans les produits.

En effet, les 13 millions d'hectares ensemencés en 1815 ne produisaient, année moyenne, que 132 millions d'hectolitres, soit 10 hectolitres par hectare. Tandis que le rendement des 14 millions 700 mille hectares s'élevait, en 1840, à 181 millions d'hectolitres, soit 12 hectolitres par hectare.

C'est donc une augmentation de 49 millions d'hectolitres en 25 ans. Et, indication positive d'une meilleurre culture, une augmentation de 2 hectolitres par hectare.

Aujourd'hui, au, moyen des engrais plus généralement employés, ce n'est plus 12 hectolitres mais bien 25 et 30 que l'on obtient par hectare.

Nous trouvons à ce sujet dans le *Guide du cultivateur* publié en 1854, par M. Lecouteux, page 171, les renseignements ci-après :

« Les terres cultivées et les prairies cou-
» vrent, en France, une superficie de 29 à
» 30 millions d'hectares.

» Là nous trouvons des fermes où chaque
» hectare de blé rend 25 à 30 hectolitres.
» Mais en revanche nous rencontrons d'au-
» tres fermes en période fouragère, qui ne
» produisent par hectare que 10 à 12 hec-
» tolitres. »

Il nous paraît résulter de ces indications que la moyenne actuelle des rendements peut être évaluée, sans exagération, à 15 hectolitres par hectare, soit un tiers de plus qu'en 1815.

La culture de la pomme de terre s'est également développée dans des proportions considérales. Elle n'occupait, en 1815, que 500 mille hectares, produisant 21 millions d'hectolitres. En 1840, le nombre d'hectares cultivés s'élevait à 900 mille et le produit à 96 millions d'hectolitres.

L'amélioration de la culture est ici encore

plus sensible que pour les céréales. Le rendement par hectare, qui avait été de 42,000
hectolitres en 1815 s'élevait en 1840 à
106,000 hectolitres.

Nous citerons aussi la culture des légumes
secs qui a fait de grands progrès — elle cou-
vrait, en 1840, 100,000 hectolitres de plus
qu'en 1815—et son produit qui avait été à cette
époque, année moyenne, de 8 hectolitres par
hectare, s'élevait en 1840 à 11 hectolitres.

Voici au surplus ce que nous en dit , en
1854, M. Lecouteux dans son *Guide de l'agriculture*, page 176. Ouvrage très consciencieux
quoique souvent rédigé dans un esprit un
peu pessimiste, comme le sont du reste presque tous les écrits des agriculteurs, habitués
qu'ils sont à ne pouvoir compter sur le len-
demain, en fait de récoltes :

« *Fruits et légumes alimentaires.* Nous en-
» trons ici sur le domaine de la petite cul-
» ture et nous nous empressons de recon-
» naître que, dans cette spécialité culturale,
» elle n'a point de rivale.

» La France est admirable pour la pro-
» duction des fruits, soit à cause de son cli-
» mat, soit à cause du voisinage de l'Angle-
» terre qui, privée de notre soleil , recher-

» che toujours les productions spéciales à
» notre climat. »

La statistique générale publiée en 1840,
fait ressortir des améliorations analogues pour
tous les autres produits; il serait fastidieux de
les énumérer ici.

Nous n'ajouterons qu'un seul renseigne-
ment en ce qui concerne la vigne. En 1840,
le nombre d'hectares consacrés à cette culture était de 2 millions, 100 mille. Les documents officiels n'indiquent pas quel en
était le nombre en 1815, mais nous avons
lu dans un ouvrage, publié en 1839 par M.
le marquis d'Audiffret, qu'en 1788 la conte-
nance cultivée en vigne, n'était que de 1
million 500 mille hectares.

Ce qui établit une différence de 600 mille
hectares en faveur de l'année 1840. Soit plus
d'un quart.

Nous regrettons de n'avoir pas pu nous
procurer les mêmes renseignements pour la
culture actuelle de la vigne, mais en compa-
rant les exportations de 1835 avec celles de
1852, époque à laquelle la maladie n'avait
pas encore fait beaucoup de ravages, nous
trouvons une augmentation très-sensible qui
fait supposer que la production est aujour-
d'hui plus considérable qu'en 1835.

Année 1835 — 1,500,000 hectolit⁰ˢ de vins.
  —   1852 — 2,700,000   —

Différence. . .   1,200,000   —

C'est en 17 ans une augmentation de 1 million 200 mille hectolitres de vins , c'est-à-dire près du double.

Pour résumer les progrès de l'agriculture, nous allons comparer la valeur des produits de la période quinquennale 1835 à 1840, avec celle des produits de l'époque actuelle.

Si nous admettons comme exacts , et rien ne peut nous faire supposer qu'ils ne le soient pas, les renseignements publiés dans le journal la *Patrie* du 22 juillet dernier, la valeur des récoltes qu'il y aurait lieu d'assurer contre la grêle, la gelée et les inondations serait de 10 milliards et celle des animaux à assurer contre la mortalité , serait de 3 milliards, total 13 milliards.

Or, d'après les tableaux de statistique publiés par le Gouvernement en 1840, le produit des récoltes et des animaux domestiques n'était à cette époque, année moyenne , que de 6 milliards 398 millions.

L'agriculture produit donc deux fois autant qu'en 1840.

Cette augmentation énorme paraît exagérée au premier abord, mais en y réfléchissant on la trouve possible.

Elle a pu être déterminée par les grandes facilités d'écoulement donnés aux produits agricoles par l'établissement des chemins de fer, et par la consommation devenue plus considérable. Elle est d'ailleurs démontrée, jusqu'à un certain point par le développement des exportations signalé plus haut.

Cependant, si le chiffre donné par la *Patrie* est trop élevé, réduisons-le de trois milliards, bien qu'une pareille erreur ne soit pas admissible, et nous trouverons encore une augmentation de 4 milliards — résultat merveilleux.

Voici maintenant la part que le Gouvernement a prise dans les progrès de l'agriculture. Il l'a protégée et lui a accordé d'incessants encouragements sous toutes les formes, surtout depuis quelques années. Ainsi les Budgets nous apprennent que la somme annuelle affectée aux encouragements agricoles qui était de 400,000 fr. pendant la période quinquennale de 1831 à 1835, a été portée pendant la dernière période de 1851 à 1855, à 3 millions, année moyenne.

Les explications les plus détaillées ne feraient pas mieux connaître la progression de la sollicitude du Gouvernement — 3 millions au lieu de 300 mille francs !... Nous ne comprenons pas, évidemment, dans cette somme les 12 millions environ qui ont été accordés aux victimes des inondations. .

Malgré la sollicitude éclairée dont le Gouvernement de l'Empereur l'entoure, l'agriculture est loin d'être arrivée au degré de développement qu'elle pourrait atteindre en France. L'industrie, dans sa dévorante activité attire à elle tous les travailleurs; les bras manquent souvent par suite, aux travaux des champs, c'est incontestable. Mais il ne faut rien exagérer, et les chiffres qui précèdent disent hautement que nous ne sommes pas aussi en retard que quelques pessimistes veulent bien le dire, en fait de progrès agricoles. Loin de là... Cependant l'Empereur, qui a le sentiment des vrais intérêts de la France, témoigne une sympathie particulière pour l'agriculture. Il veille, soyons tranquilles sur notre avenir.

Nous avons dit, dans un autre article, combien son représentant dans ce département seconde avec un zèle intelligent ses intentions à cet égard. M. Mercier-Lacombe aime l'agriculture, en la favorisant il donne satisfaction à un gout personnel. C'est une circonstance heureuse dont le Var profitera. Il lui doit déjà l'institution des primes en faveur de la vieillesse agricole, qui ne peut manquer de produire un excellent résultat car aucune mesure n'aurait mieux répondu aux besoins de la situation. La sympathie avec laquelle elle a été accueilli demontre d'ailleurs son utilité et son opportunité.

En résumé, la France nous paraît en bonne situation au point de vue du système agricole.

INDUSTRIE.

Il résulte des documents publiés par le ministère de l'agriculture et du commerce, que dans une période de 60 ans, (1788 à 1847), la valeur des produits fabriqués annuellement, s'est élevée de 931 millions à 4 milliards, 167 millions, c'est-à-dire, quadruplée.

Nous n'avons pas de données aussi positives sur l'importance actuelle de la fortune industrielle de la France. Mais si, comme tout le fait supposer, la proportion qui existait, il y a dix ans, entre la production et les exportations, n'a pas varié, le produit total de notre industrie doit être évalué, aujourd'hui, à 7 milliards 490 millions (1) — ce qui constitue une augmentation de près du double sur 1847.

Quoiqu'il en soit de cette dernière augmentation, qui ne nous paraît nullement exagérée, relativement aux progrès non moins rapides que nous avons constatés dans le mouvement commercial, nous profiterons des renseignements officiels, sur l'exactitude desquels on peut compter, pour examiner quels sont les produits de l'industrie, qui ont le plus particulièrement progressé depuis un demi siècle.

Pour la facilité de cet examen, nous com-

(1) En 1847, les exportations de nos produits manufacturiers représentaient une valeur de 699 millions — et celle de la production totale de l'industrie était de 4 milliards. Or, les exportations de 1856 étant de 1,289 millions, on peut en conclure que la production totale était, à cette époque, de 7 milliards 375 millions :

$$699 : 4,000 :: 1,289 : 7,375$$

parerons séparément les diverses branches de l'industrie qui se divise, on le sait, en trois principales catégories de fabrications, ayant pour objet les matières minérales, végétales ou animales.

Dans les *produits minéraux* qui se sont élevés de 168 à 699 millions, le fer tient la plus large place : 131 millions en 1788 et 382 en 1856 — soit une augmentation de 251 millions.

L'emploi du fer s'étant développé dans une grande proportion, depuis l'établissement des chemins de fer dont nous parlerons plus loin, on peut supposer en tenant compte d'ailleurs des importations, que le chiffre de 382 millions a du doubler depuis 1847.

La valeur des *produits végétaux* s'est accrue de 2 milliards. Dans cette branche de l'industrie, ce sont les tissus de coton qui ont le plus progressé. La fabrication de 1847 fait ressortir une augmentation de 418 millions sur celle de 1788. Les raffineries de sucre tiennent le second rang — la différence en faveur de 1847 est de 100 millions.

Dans les *produits animaux* dont la valeur totale a triplé, nous remarquons les tissus de laine et de soie, qui figurent dans l'augmentation pour une somme de 640 millions, (355 millions en 1788 et 995 en 1847). Et, si nous jugeons des progrès de la production par ceux des exportations, la valeur des tissus fabriqués en 1856 a dû s'élever à 2 milliards (1).

Ce calcul paraît pouvoir être généralisé sans que l'on ait à craindre de tomber dans l'exagération. Les faits antérieurs nous démontrent, en effet, que le rapport des exportations dans la production a toujours été d'un sixième environ. Nous pensons donc faire connaître, d'une manière exacte, quel a été le développement de l'industrie, depuis 21 ans, en indiquant dans quelle proportion les exportations de 1856 ont été supérieures à celles de 1835 :

Les objets manufacturés étaient compris pour 425 millions dans les exportations de 1835, et pour 1,289 millions, dans celles de 1856.

____

(1) Il a été exporté 265 millions de tissus en 1847, sur une fabrication totale de 995 millions. Il a en été exporté pour 637 millions en 1856, la valeur de la fabrication peut donc être évalué à 2 milliards, 310 millions.

265 : 995 :: 637 : 2,310 millions.

L'industrie aurait donc progressé dans la proportion de 4 à 12 ou de 2 à 7, et, par suite, le chiffre total de la fabrication se serait élevé de 2 milliards 400 millions, à 7 milliards 300 millions.

Cette augmentation est très probable car nous avons vu, par la statistique officielle, que le chiffre de la production sélevait déjà à 4 milliards, en 1847 ; or, l'augmentation ayant été de 2 milliards, de 1835 à 1847, on peut admettre qu'elle a été de 3 milliards, de 1847 à 1856, puisque les exportations ont suivi cette progression.

Ces calculs paraîtront peut-être trop compliqués, et on nous reprochera d'avoir fatigué l'esprit de nos lecteurs, ce cera un vif regret pour nous. Cependant nous espérons que l'on nous saura gré d'avoir cherché à établir, d'une manière positive, quel a été le développement de l'industrie en France, et, il a été tel, qu'il nous a paru nécessaire d'accumuler preuves sur preuves pour y faire croire. La vérité, quand elle est flatteuse, est souvent taxée d'exagération en pareille circonstance, surtout en France, où il est de mode d'admirer et de chercher à imiter les progrès de nos voisins et où l'incrédulité, en ce qui concerne les progrès de la patrie, est très bien portée.

Parmi les causes de ce rapide essor, si rapide que l'on a de la peine à s'en rendre compte, nous citerons la création des chemins de fer, dont la plupart de nos grandes industries ont éprouvé la bienfaisante influence.

Il est évident que les chemins de fer ont dû largement contribuer aux progrès que nous signalons ; car, les diverses dates de leur établissement, rappelées ci-après, coïncident parfaitement avec les époques où le commerce et l'industrie ont redoublé d'activité.

Il y a vingt ans, nous ne possédions pas un kilomètre de chemin de fer. En 1840, il n'en existait encore que 440. — Ce fut en 1842 seulement, que le Gouvernement fit adopter, par les chambres, une loi qui est devenue pour la France l'origine d'une nouvelle ère sociale.

En 1854, la longueur développée des lignes exploitées était de 4,000 kilomètres.

En moins de trois ans, il en a été construit à peu près autant, et le magnifique réseau concédé en 1842 s'est trouvé ainsi achevé. Aujourd'hui, en effet, deux grandes voies

ferrées, d'une étendue totale de 7,000 kilomètres, partagent la France en deux parties :
La première, dans sa longueur, en passant
par Rouen, Paris et Lyon ; la seconde , dans
sa largeur, de Brest à Strasbourg, par Ren-
nes, Paris et Nancy.

Les recettes de ces chemins de fer se sont
élevées , pendant le premier semestre de
l'année courante, à la somme de 150 millions,
soit 300 millions par an, représentant un capital de 5 à 6 milliards !...

Pour résumer la situation économique de la
France, au point de vue du *système industriel*,
nous rappellerons :

1º Que la valeur des produits fabriqués
annuellement, s'est élevée de 2 à 7 milliards
en 21 ans.

2º Que le chiffre de l'exportation desdits
produits, a triplé pendant la même période.

FINANCES.

On n'est plus étonné du développement
merveilleux, qui s'est produit en France de-

puis une vingtaine d'années dans toutes les branches de la fortune publique , quand on considère dans quelle proportion inouïe se sont accrues les opérations de la Banque.

Car, tout se tient : l'augmentation des produits de l'agriculture active la production de de l'industrie et celle-ci donne, à son tour, l'impulsion au commerce; il en résulte nécessairement une plus grande somme d'échanges : Ici interviennent le numéraire et les valeurs, et, plus leur circulation est vive plus grande doit être la production, plus nombreux doivent ère les échanges.

On peut donc juger, par le mouvement financier, des progrès de la production et de ceux du commerce, qui constituent les deux principaux éléments de la richesse nationale.

Or, voici quelle a été la marche des opérations commerciales , faites par la Banque, depuis 20 ans :

Valeurs escomptées en 1836.   445 millions.
—   en 1846. 1,191   —
—   en 1856. 4,674   —

Les escomptes *des mois* de juillet et d'octobre 1856 ont été de 494 et de 493 millions. En 1836, ils n'avaient pas atteint l'un ou l'autre de ces chiffres pendant toute *l'année !*

La *masse des opérations* de la Banque s'est élevée, en 1856 , au chiffre énorme de 5 milliards 800 millions.

Les *mouvements généraux* des espèces, des billets et des versements, dans la Banque centrale, montent à des sommes surprenantes et qui augmentent chaque année. Il suffit de savoir que leur total a offert : En 1854, un chiffre de 26 milliards; en 1855, 30; et enfin, en 1856, ils ont dépassé 35 milliards et demi.

IMPOTS.

Quand il s'agit de démontrer la situation prospère d'un pays , il semble inopportun de signaler l'accroissement du produit de ses impôts.

Cependant si on admet , et cela n'est pas contestable , qu'il appartient au Gouvernement de protéger et de donner, en quelque sorte, l'impulsion au développement de la richesse nationale, il faut admettre aussi que plus on lui fournira de ressources pour agir, plus il sera en mesure d'aider au progrès de la prospérité publique.

Il faut que le Gouvernement puisse entretenir des forces militaires suffisantes pour défendre le sol, et qu'il puisse multiplier les moyens de communication, sans lesquels l'agriculture , l'industrie et le commerce ne sauraient exister.

La nécessité de l'impôt étant admise, l'augmentation de ses revenus devient un moyen de progrès, sous la condition, toutefois, que l'impôt sera équitablement réparti.

Nous allons donc examiner : 1º si les revenus de l'Etat ont augmenté dans une large proportion; 2º si leur perception s'est effectuée sans difficulté , ce qui indiquerait évidemment que les impôts ne sont pas trop lourds, c'est-à-dire qu'ils sont en rapport avec les facultés des contribuables :

De 1835 à 1856, les *ressources ordinaires* du budget se sont élevées de 1 milliard 20 millions à 1 milliard 766 millions, savoir :

	1835.	1856.	augm^{tation}.
Cont. directes...	364 mil^{ons}	448 mil^{ons}	84 mil^{ons}
Cont. et rev. ind.	656	1318	662
Totaux....	1020 mil^{ons}	1766 mil^{ons}	746 mil^{ons}

Il résulte de ce tableau, que les revenus directs n'ont augmenté que de 84 millions, tandis que les revenus indirects offrent un accroissement de 662 millions.

L'augmentation du produit de l'impôt direct provient surtout des patentes, (20 millions en 1835 et 60 en 1856) dont le nombre s'est accru avec l'extension de l'industrie et du commerce.

Quant à celle beaucoup plus considérable des revenus indirects, elle porte principalement sur :

1° L'enreg. et dom. pour	155 millions	
2° Les tabacs —	89	—
3° Les douanes —	77	—
4° Les boissons —	64	—
5° Les postes —	16	—
Autres revenus —	261	—
Total égal	662 millions (1).	

	1835.	1856.	Augmentations
(1) Enreg. et dom.	199 mil^{ons}	354 mil^{ons}	157 mil^{ons}
Tabacs.......	74	163	89
Douanes	107	184	77
Boissons.....	77	141	64
Postes.......	37	53	16
Autres revenus	162	423	261
Tot. des rev. ind.	656	1,318	662 mil^{ons}

Les ressources de l'Etat, et par conséquent celles des particuliers, ont donc augmenté dans une proportion considérable , car les revenus indirects, qui suivent le mouvement de la fortune publique, se sont doublés.

Il reste à examiner si le recouvrement des impôts s'est effectué sans difficulté.

Il résulte des renseignements que nous nous sommes procurés et dont nous garantissons l'exactitude, que les frais de poursuites faits pour arriver à la perception de l'impôt direct, le plus difficile à recouvrer, on le sait, qui s'étaient élevés à 4,24 p. $^{oo}I_{oo}$ en 1835 n'étaient plus en 1856 que de 1,62 p. $^{oo}I_{oo}$. Or, comme les contribuables ne se laissent poursuivre, presque toujours, que lorsqu'ils ne peuvent pas payer, on doit en conclure que la diminution des frais, dans une telle proportion, indique d'une manière positive, que l'impôt a été plus facilement supporté en 1856 qu'en 1835, et cela parce que la position des contribuables est devenue meilleure.

Nous voudrions, maintenant , donner ici l'emploi, en améliorations publiques, des ressources budgétaires

Ce résumé, fut-il très sommaire, aurait

ceitainement un grand intérêt. Nous regrettons de n'avoir pas pu nous procurer les éléments nécessaires pour l'établir. Nous avons néanmoins recueilli quelques indications, qui font connaître les améliorations les plus essentielles, effectuées pendant les dernières années.

Il a été dépensé, en travaux extraordinaires d'utilité publique, depuis 1842, mais plus particulièrement de 1850 à 1855 : 1 milliard, 70 millions, répartis ainsi qu'il suit :

Subventions pour l'établissement des chemins de fer	834 millions.
Constructions de ponts et canaux, et améliorations de rivières	95
Améliorations et achèvement des ports	88
Réunion des Tuileries au Louvre	53
Total égal.	1,070 millions.

De 1835 à 1856, une somme totale de 650 millions, environ, a été employée à entretenir les routes déjà établies ou à en établir de nouvelles.

Enfin, il a été construit pendant cette période de 21 ans :

37	vaisseaux, dont	29	à vapeur
62	frégates	—	33	—
21	corvettes	—	17	—
140	avisos, batteries,bricks etc.	92	—

Totaux 260   171

CONCLUSION.

—

Nous croyons avoir démontré :

1° Que notre commerce est plus actif qu'il ne l'a jamais été.

2° Que la production agricole est deux fois plus abondante qu'il y a 20 ans.

3° Que l'industrie s'est développée pendant la même période dans la proportion de 2 à 7.

Or, si nous ajoutons que le mouvement financier de la banque s'est élevé de 1 à 5 milliards en dix ans ; — que nous disposons d'une flotte de près de 200 vaisseaux, frégates ou corvettes dont les deux tiers sont munis de machines à vapeur (1) ; — que le chiffre de notre armée peut être porté, en temps de guerre , à 500 mille hommes sans difficulté aucune ; — enfin, si nous rappelons que 4 milliards et demi furent versés en trop, il y a 2 ans, dans la caisse de l'Etat où ils rentreraient au premier signal : on reconnaîtra avec nous que la France est dans une situation économique des plus billantes, et on aura de la peine à comprendre, qu'un organe sérieux de la presse anglaise ait pu conclure, d'un ralentissement momentané dans l'accroissement de la population, que nous marchions rapidement vers la décadence.

Toulon, 25 Août 1857.

(1) Ne sont pas compris dans ce chiffre les avisos, batteries, bricks etc. dont le nombre est cependant considérable.

Toulon. — Imp. et lith. d'E. Aurel.